Arbeitskreis Mathematik

Mathematik praktisch: Addition und Subtraktion

Lernaktivitäten und Gestaltungsideen für Schüler mit geistiger Behinderung

W0192663

Persen

Persen Verlag

Gedruckt auf umweltbewusst gefertigtem, chlorfrei gebleichtem und alterungsbeständigem Papier.

1. Auflage 2013
© Persen Verlag, Hamburg
AAP Lehrerfachverlage GmbH
Alle Rechte vorbehalten.

Illustrationen: Barbara Gerth
Satz: Satzpunkt Ursula Ewert GmbH

ISBN 978-3-403-23348-0

www.persen.de

Inhaltsverzeichnis

1 **Vorwort** 4

2 **Einführung** 5

3 **Vorbemerkungen – Addition und Subtraktion**
 im Zahlenraum bis 10 7

4 **Operationen** 9

   4.1 Zusammenfassen von zwei Teilmengen 9

   4.2 Additives Ergänzen 17

   4.3 Vermindern 25

   4.4 Zerlegen 33

5 **Rechenstrategien** 41

   5.1 Verdoppeln und Halbieren 41

   5.2 Tauschaufgaben 49

   5.3 Umkehraufgaben 57

   5.4 Nachbaraufgaben 65

6 **Inhaltsübersicht CD** 69

1 Vorwort

„Addition und Subtraktion" ist das Thema des dritten Bandes von „Mathematik praktisch", einer Buchreihe, die aus der mehrjährigen Zusammenarbeit von Studienräten im Förderschuldienst des Oberpfälzer Arbeitskreises „Mathematik am Förderzentrum geistige Entwicklung" hervorgegangen ist.

Die Schülerschaft mit dem Förderschwerpunkt geistige Entwicklung weist eine hohe Heterogenität bezüglich ihrer Lernfähigkeit und ihrer kognitiven Leistung auf. Dies bedeutet vor allem bei abstrakteren mathematischen Prozessen eine große Herausforderung für das gemeinsame Lernen. Der Unterricht an Förderzentren und an inklusiven Lernorten erfordert daher neue Ansätze und geeignete Arbeitsmittel. Diese sollen sowohl für die Schüler motivierend als auch für den Lehrer im täglichen Umgang praktisch und effektiv einsetzbar sein. Von Bedeutung ist ein individualisiertes und differenziertes Lernangebot.

Der Arbeitskreis hat Lernaktivitäten und Arbeitsmaterialien zu den Lehrplaninhalten aus dem Lehrplan für den Förderschwerpunkt geistige Entwicklung in Bayern zusammengetragen und bietet diese strukturiert auf verschiedenen Lernebenen an. So ermöglicht das vorliegende Werk schülerorientiertes Lernen auf unterschiedlichen Lernniveaustufen.

Lehrerinnen und Lehrer erhalten mit diesem Band in der Praxis bewährte, übersichtlich gegliederte Anregungen für den eigenen Mathematikunterricht.

Wir wünschen den interessierten Lesern mit dem vorliegenden Band viel Erfolg bei der Umsetzung.

Ihr Arbeitskreis Mathematik

Barbara Böhm, Elli Eder, Rita Heiß, Tobias Neidiger, Kerstin Schuster, Christine Seraphin und Christian Steinlein

2 Einführung

Den Bänden „Pränumerik" und „Erste Mengen und Zahlen"[1] folgt der dritte Band in dieser Reihe mit dem Titel „Addition und Subtraktion" (Operationen und Rechenstrategien). Der Arbeitskreis Mathematik (Förderzentrum mit dem Förderschwerpunkt geistige Entwicklung in der Oberpfalz) möchte mit dem vorliegenden Werk, Lehrerinnen und Lehrern praktische Anregungen für das Unterrichtsfach Mathematik geben.

Die Grundlage für dieses Werk bildet dabei der Lernbereich Mathematik im Lehrplan für den Förderschwerpunkt geistige Entwicklung in Bayern. Darauf aufbauend hat der Arbeitskreis zu den Themenbereichen „Operationen" und „Rechenstrategien" eine Vielzahl an möglichen Lernaktivitäten und Gestaltungsideen für den Unterricht zusammengetragen, um der heterogenen Schülerschaft mit dem Förderschwerpunkt geistige Entwicklung einen breiten Zugang zu mathematischen Inhalten zu ermöglichen.

Die beiden Schwerpunktthemen „Operationen" und „Rechenstrategien" gliedern sich jeweils in vier Teilbereiche:

Operationen:
- Zusammenfassen von zwei Teilmengen – Bestimmen der Gesamtmenge
- Additives Ergänzen
- Vermindern – Bestimmen der Restmenge
- Zerlegen

Rechenstrategien:
- Verdoppeln und Halbieren
- Tauschaufgaben
- Umkehraufgaben
- Nachbaraufgaben

Das Team bezieht sich im dritten Band auf das bewährte Konzept der ersten beiden Bände, indem es besonderen Wert auf eine logisch-sequentierte Darstellung unter Berücksichtigung unterschiedlicher Lernniveaustufen und Repräsentationsebenen legt. Jedes Thema ist so aufbereitet, dass Umsetzungsmöglichkeiten auf mehreren Ebenen aufgezeigt werden.

Die Thematik des vorliegenden Bandes erfordert grundlegende mathematische Kompetenzen und abstrakte Denkleistungen. Daher beginnen die Lernaktivitäten auf der konkret-handelnden Ebene und nicht wie bei den beiden Vorgängerbänden bereits auf der ganzkörperlich-somatischen Ebene.

---

[1] Arbeitskreis Mathematik: Mathematik praktisch: Pränumerik, Persen Verlag (Bestellnr. 23105)
Arbeitskreis Mathematik: Mathematik praktisch: Erste Mengen und Zahlen, Persen Verlag (Bestellnr. 23215)

2 Einführung

Die **drei Repräsentationsebenen** sind durch folgende Merkmale und Bildsymbole gekennzeichnet:

 Konkret-handelnde Ebene: Die konkret-handelnde Ebene beinhaltet die aktive Auseinandersetzung mit der Umwelt. Operationen werden im Rahmen von alltäglichen und spielerischen Handlungssituationen sowie unter Verwendung konkreter Materialien vollzogen. Zudem werden Begrifflichkeiten angebahnt.

 Bildliche Ebene: Auf dieser Ebene kommen unterschiedliche Bildmaterialien zum Einsatz, wie z. B. Fotos oder Zeichnungen sowie erstmals Arbeitsblätter – hier noch ohne Zahlsymbole und Rechenzeichen.

 **Symbolische Ebene:** Auf der symbolischen Ebene werden Zahlen und Rechenzeichen verwendet. Es erfolgt die Verknüpfung von konkreten Handlungen und Abbildungen mit der symbolisch dargestellten Rechenoperation. Von den Schülern werden Transferleistungen erwartet.

 Auf der **beiliegenden CD** finden sich zu den Themenbereichen und Repräsentationsebenen viele passende Materialien, Arbeitsblätter und Vorlagen sowie eine Reihe von Fotos zur Illustration beschriebener Lernaktivitäten. Entsprechende Verweise im Buch ermöglichen eine schnelle und leichte Orientierung.

Das Buch kann ganz leicht in eine praktische Kartei verwandelt werden. Trennen Sie dafür die einzelnen Seiten (Karteikarten) an der vorgestanzten Perforierung heraus.

Im vorliegenden Werk wurden in erster Linie Erfahrungen aus der Praxis zusammengetragen und miteinander vernetzt. Deshalb erhebt der Arbeitskreis keinen Anspruch auf Wissenschaftlichkeit.

Arbeitskreis Mathematik: Mathematik praktisch: Addition und Subtraktion
© Persen Verlag

3 Vorbemerkungen – Addition und Subtraktion im Zahlenraum bis 10

Inhalte

Operationen
- Zusammenfassen von zwei Teilmengen – Bestimmen der Gesamtmenge
- Additives Ergänzen
- Vermindern – Bestimmen der Restmenge
- Zerlegen

Rechenstrategien
- Verdoppeln und Halbieren
- Tauschaufgaben
- Umkehraufgaben
- Nachbaraufgaben

Voraussetzungen

Für die Umsetzung von Rechenoperationen und die Anwendung von Rechenstrategien sollten folgende mathematische Kompetenzen aus den Lernbereichen „Pränumerik" sowie „Mengen und Zahlen" weitgehend grundgelegt sein:
- Gruppenbildung, Reihenbildung, 1:1-Zuordnung, simultane Mengenerfassung usw.
- Verständnis für Zahlbeziehungen, z.B. 5 ist um eins mehr als 4
- Kenntnis der Symbole < / > / = und deren Bedeutung

Auch Schülern, die diese Voraussetzungen nicht gesichert mitbringen, kann der Themenbereich „Operationen" und „Rechenstrategien" zugänglich gemacht werden.

Das ist uns wichtig

- Die drei Ebenen – enaktiv, ikonisch, symbolisch – bedürfen der Verknüpfung:
  - Der Übergang auf die symbolische Darstellungsweise setzt eine intensive Auseinandersetzung auf der konkret-handelnden und bildlichen Ebene voraus.
  - Schüler mit Förderbedarf benötigen meist die Unterstützung von konkretem Material zur Bearbeitung von Aufgaben auf der symbolischen Ebene.
- Neben den verschiedenen Repräsentationsebenen fördert die intensive sprachliche Auseinandersetzung das Verständnis für Rechenoperationen und -strategien.

3 Vorbemerkungen – Addition und Subtraktion im Zahlenraum bis 10

- Individuelle Lösungswege sollen aufgegriffen und gegebenenfalls gemeinsam verbessert werden.
- Gemäß dem Prinzip der Reversibilität sollten Addition und Subtraktion in zeitlicher Nähe behandelt und die Rechenoperationen variiert werden.
- Rechenstrategien dienen dazu, die Ermittlung von Lösungen zu erleichtern. Das Verständnis für die jeweilige Rechenoperation ist von großer Bedeutung, um Strategien optimal nutzen zu können. Automatisierte Strategien entlasten das Kurzzeitgedächtnis bei komplexeren Rechenoperationen im erweiterten Zahlenraum.

Materialien und Hilfsmittel

Siehe auch ☉ „Material allgemein"
- Abakus
- Kühnelsche Zahlenbilder
- Zahlenschiffchen
- Zählturm
- konkretes, unstrukturiertes Material (Muggelsteine, Steckkuben, Holzobst, …)
- Rechenkette
- Zahlenstrahl
- Montessori Perlenmaterial
- Additionsbrett – Montessorimaterial
- Schüttelbox
- Perlenschnüre
- Wendeplättchen

Arbeitskreis Mathematik: Mathematik praktisch: Addition und Subtraktion
© Persen Verlag

4.1 Zusammenfassen von zwei Teilmengen

Allgemeine Hinweise

Bei der Addition unterscheidet man den zeitlich-sukzessiven und den räumlich-simultanen Aspekt. In diesem Kapitel wird der zeitlich-sukzessive Aspekt bevorzugt behandelt. Der räumlich-simultane Aspekt überschneidet sich mit den Aufgaben zum Zerlegen.

- Begriffsklärung:
  - ⇨ *Vergrößern:* Zu einer Menge von Gegenständen werden weitere Gegenstände dazugelegt. Die Ausgangsmenge wird größer.
  - ⇨ *Addition:* Zwei Teilmengen (Summanden) werden zusammengefasst und die Gesamtmenge (Summe) bestimmt. Die beiden Teilmengen sind bekannt, die Gesamtmenge muss ermittelt werden.

- Eine mögliche Schwierigkeit besteht darin, dass Schüler zwar die Handlung des Vergrößerns verstehen, ihnen jedoch das Übertragen auf die symbolische Ebene nicht gelingt.

- Das Versprachlichen der jeweiligen Rechenhandlungen ist von entscheidender Bedeutung und erleichtert das Verstehen der Operation.

- Das Symbol „+", der Begriff „plus" und die Handlung des Vergrößerns müssen verknüpft werden.

- Es sollten möglichst vielfältige Aktivitäten mit strukturiert und unstrukturiert angeordnetem Material angeboten werden.

4.1 Zusammenfassen von zwei Teilmengen

- Eine unterschiedliche farbige Gestaltung erleichtert das Erkennen der beiden Teilmengen.

- Es können weitere Sinneskanäle einbezogen werden
  - ⇨ Einsatz akustischer Signale, z. B. ein Trommelschlag bedeutet „Dazutun"
  - ⇨ Teilmengen sowie Gesamtmenge durch Fühlen bestimmen, z. B. mithilfe von Filz- und Klettpunkten, Gestaltung von Lernmaterialien mit Plusterfarben

Arbeitskreis Mathematik: Mathematik praktisch: Addition und Subtraktion
© Persen Verlag

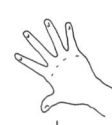

4.1 Zusammenfassen von zwei Teilmengen

Konkret-handelnde Ebene

LERNAKTIVITÄTEN UND GESTALTUNGSIDEEN

- Gebärde 🎵

- Begriffe kennenlernen, die die Handlung des Vergrößerns einer Menge beschreiben: „dazulegen", „hinzukommen", „anhängen", „mehr werden", „größer werden", „höher werden", „und"

- zu einer bestehenden Menge weitere Elemente dazulegen/-stellen, z. B. Tassen, Teller, Stühle, Holztiere

- Spiel in der Gruppe „Wie viele sind es?": Zwei Kinder sind schon im Kreis, drei kommen dazu (zeitlich-sukzessiv). Zwei Mädchen und zwei Jungen stehen im Kreis (räumlich-simultan).

- „Eisenbahnlied" – darstellendes Spiel passend zum Liedtext: Kinder sitzen im Zug, weitere Kinder steigen ein 🎵

- an eine Spielzeuglokomotive weitere Waggons anhängen

- Regale im Kaufladen auffüllen: Zwei Dosen stehen im Regal, ein Schüler füllt eine vorgegebene Menge auf.

- Weihnachtsbaum schmücken: Drei Kugeln hängen schon am Baum, ein Schüler befestigt noch zwei weitere Kugeln (zeitlich-sukzessiv). Es hängen drei orangefarbene und zwei blaue Kugeln am Baum (räumlich-simultan). 🎵

- Geburtstag spielen: Kathrin hat schon drei Geschenke bekommen, Johannes überreicht ihr auch noch eins. 🎵

- Türme höherbauen (mit zwei verschiedenen Farben): Steckkuben, Sandsäckchen 🎵

- Teilmengen (einzeln) und Gesamtmenge durch Fühlen bestimmen 🎵

4.1 Zusammenfassen von zwei Teilmengen

Bildliche Ebene

LERNAKTIVITÄTEN UND GESTALTUNGSIDEEN

- Mengen vergrößern durch Stempeln, Aufkleben, Malen, Kletten
  ⇨ eine vorgegebene Menge nach verbaler Anweisung hinzufügen, z. B.: „Klebe drei Birnen dazu."
  ⇨ eine beliebige Menge hinzufügen

- Spiel „Würfelfux"

- Situations- und Mengenbilder versprachlichen

Arbeitskreis Mathematik: Mathematik praktisch: Addition und Subtraktion
© Persen Verlag

4.1 Zusammenfassen von zwei Teilmengen

Symbolische Ebene

LERNAKTIVITÄTEN UND GESTALTUNGSIDEEN

- das Symbol „+" einführen: Form, Begriff und Bedeutung miteinander verknüpfen
  - ⇨ die Form beschreiben, nachlegen, schreiben und von anderen Zeichen unterscheiden 🖎
  - ⇨ Bedeutung anhand einer Rechenhandlung oder eines Bildes erläutern, z. B. dürfen die Schüler nur in Behälter, die mit dem Symbol „+" gekennzeichnet sind, etwas dazulegen
  - ⇨ Begriff „plus" kennen und gebrauchen

- Spielhandlungen mit konkretem Material: Lehrer zeigt Symbol „+" und eine Zahl (Operator), Schüler führen entsprechende Handlung aus. 🖎
  (Weitere Beispiele für konkrete Rechenhandlungen finden sich auf der konkret-handelnden Ebene)

- zu einer konkreten Handlung die Rechenoperation notieren

- zu Situations- und Mengenbildern (siehe bildliche Ebene)
  - ⇨ Rechenoperationen aufschreiben und lösen
  - ⇨ Kärtchen mit Rechenoperation (Aufgabenkarten) zuordnen 🖎

- ausgehend von symbolischen Aufgaben mögliche Sachsituationen formulieren

Arbeitskreis Mathematik: Mathematik praktisch: Addition und Subtraktion
© Persen Verlag

4.1 Zusammenfassen von zwei Teilmengen

- Rechengeschichte oder Rechenaufgabe auf dem Zahlenstrahl veranschaulichen und lösen
  - ⇨ Schüler geht auf dem großen Zahlenstrahl vorwärts.
  - ⇨ Schüler bewegt Figur auf dem Zahlenstrahl vorwärts.
  - ⇨ Schüler zählt mit den Fingern vorwärts.
  - ⇨ Schüler zählt mit den Augen vorwärts.

- Lern- und Freiarbeitsmaterialien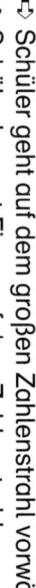

- Arbeitsblätter

Möglichkeiten der Differenzierung:

- Variationsmöglichkeiten auf der symbolischen Ebene
  - ⇨ Nur der Operator wird angeboten, z. B. + 2 ➜ „Ich vergrößere die vorhandene Teilmenge um 2."
  - ⇨ Die gesamte Gleichung wird angeboten, z. B. 1 + 2 = ⬚.

- Kettenaufgaben: Kegel mit Zahlen beschriften und die Zahlen aller umgefallenen Kegel addieren, z. B. 2 + 3 + 8 = ⬚

- Textaufgaben

Arbeitskreis Mathematik: Mathematik praktisch: Addition und Subtraktion
© Persen Verlag

4.2 Additives Ergänzen

Allgemeine Hinweise

- **Begriffsklärung:**
  Ergänzen: Die Gesamtmenge und eine der beiden Teilmengen sind bekannt. Durch Ergänzen der vorhandenen Teilmenge zur Gesamtmenge wird die unbekannte Teilmenge bestimmt (Platzhalter- oder Ergänzungsaufgaben).

$$2 + \boxed{} = 6$$

$$\boxed{} + 2 = 6$$

- **mögliche Schwierigkeiten:**
  - ⇨ Die Schüler ergänzen die gesuchte Teilmenge 2 auf der konkret-handelnden oder bildlichen Ebene richtig zur Gesamtmenge, können aber die beiden Teilmengen nicht mehr bestimmen, wenn diese sich nicht farbig voneinander unterscheiden.
  - ⇨ Die Schüler haben die Aufgabe (mit Rahmenhandlung) auf der konkret-handelnden oder bildlichen Ebene verstanden, können aber die Platzhalteraufgabe auf der symbolischen Ebene nicht lösen. Die Verknüpfung mit der eigentlichen Handlung kann nicht hergestellt werden.

- Die Schüler sollten stets zum Verbalisieren der Handlung angeregt werden: „In die Eierschachtel passen sechs Eier, zwei sind bereits in der Schachtel. Ich muss vier dazulegen, damit die Schachtel voll ist."

Arbeitskreis Mathematik: Mathematik praktisch: Addition und Subtraktion
© Persen Verlag

4.2 Additives Ergänzen

- Das Lösen von Ergänzungsaufgaben erfordert vielfach den Einsatz strukturierter Materialien.

- Unterschiedlich beschaffene Teilmengen (Farbe, Form, Oberfläche) erleichtern den Rückschluss auf die Teilmenge 1 und 2, z. B. zwei weiße und vier braune Eier sind in der vollen Eierschachtel. Die vier braunen Eier wurden ergänzt.

4.2 Additives Ergänzen

Konkret-handelnde Ebene

LERNAKTIVITÄTEN UND GESTALTUNGSIDEEN

- mit einer bestimmten Menge gefüllte Eierschachteln, Getränkekästen oder in Fächer unterteilte Kartons unterschiedlicher Größenordnung auffüllen

- Waggon eines Zuges auffüllen (z. B. immer 10) 😊

- an einem Auto die fehlenden Räder ergänzen

- Auf dem Parkplatz steht bereits eine bestimmte Anzahl von Spielzeugautos. Die Schüler ergänzen weitere Autos, bis alle Parkplätze belegt sind. 😊

- Jeder Schüler hat eine bestimmte Anzahl an Gummibärchen (eins, zwei, drei oder vier). Ein Schüler ergänzt jeweils zur Menge fünf, z. B Lisa hat zwei und Julia vier Gummibärchen. Max ergänzt und legt bei Lisa drei und bei Julia eins dazu.

- Wäsche aufhängen: An jeder Leine ist bereits eine bestimmte Anzahl an Kleidungsstücken befestigt. Insgesamt sollen an jeder Leine acht Wäschestücke hängen. Die Schüler ergänzen zur Gesamtmenge acht.

- Kaufladenspiel: Lebensmittelkisten entsprechend der jeweiligen Vorgabe (dargestellt als Fingerbild) auffüllen 😊

- Farbkarten: entsprechend einer vorgegebenen Gesamtmenge Klammern an einer Farbkarte ergänzen 😊

- verschiedene Elemente auf die gleiche Menge ergänzen 😊

Arbeitskreis Mathematik: Mathematik praktisch: Addition und Subtraktion
© Persen Verlag

4.2 Additives Ergänzen

Bildliche Ebene

LERNAKTIVITÄTEN UND GESTALTUNGSIDEEN

- zur Gesamtmenge ergänzen durch Stempeln, Aufkleben, Malen, Kletten 😊
- Situationsbilder versprachlichen 😊
- Spiele zum Ergänzen von Mengen 😊

Arbeitskreis Mathematik: Mathematik praktisch: Addition und Subtraktion
© Persen Verlag

4.2 Additives Ergänzen

Symbolische Ebene

LERNAKTIVITÄTEN UND GESTALTUNGSIDEEN

● zu Situationsbildern Ergänzungsaufgaben aufschreiben und lösen (Situationsbilder siehe bildliche Ebene)

● ausgehend von einer symbolischen Aufgabe, z. B. 4 + ☐ = 9, eine Sachsituation formulieren

● Lern- und Freiarbeitsmaterialien ✎

● Arbeitsblätter ✎

Arbeitskreis Mathematik: Mathematik praktisch: Addition und Subtraktion
© Persen Verlag

23

4.3 Vermindern

Allgemeine Hinweise

● Begriffsklärung:
  ⇨ **Vermindern:** Von einer Menge von Gegenständen werden Gegenstände weggenommen. Die Ausgangsmenge wird verkleinert.
  ⇨ *Subtraktion:* Von einer Ausgangsmenge (Minuend) wird eine Teilmenge (Subtrahend) abgezogen. Die Restmenge (Differenz) wird ermittelt. Ausgangsmenge und abzuziehende Teilmenge sind bekannt.

● mögliche Schwierigkeiten:
  ⇨ Während bei der Addition beide Summanden vertauscht werden können (Kommutativgesetz) ist bei der Subtraktion die Unterscheidung von Subtrahend und Minuend von großer Bedeutung.
  ⇨ Die Schüler können die Ausgangsmenge nicht sicher bestimmen. ➜ Die Basiskompetenz „Vergleich von Mengen" (Welches ist die größere bzw. kleinere Menge?) ist nicht gesichert.
  ⇨ Die Handlung des Verminderns ist bekannt und wird vollzogen. Das Übertragen auf die symbolische Ebene gelingt jedoch nicht.

● Das Versprachlichen der jeweiligen Rechenhandlungen ist von entscheidender Bedeutung und erleichtert das Verstehen der Operation.

● Das Symbol „–", der Begriff „minus" und die Handlung des Verminderns müssen verknüpft werden.

● Es sollten möglichst vielfältige Aktivitäten mit strukturiert und unstrukturiert angeordnetem Material angeboten werden.

Arbeitskreis Mathematik: Mathematik praktisch: Addition und Subtraktion
© Persen Verlag

4.3 Vermindern

- Weitere Sinneskanäle können einbezogen werden: Einsatz akustischer Signale, z. B. das Streichen über die Trommel bedeutet „Wegnehmen".

- Es ist wichtig, die Unterscheidung der Rechenzeichen „Plus" und „Minus" einzuüben, damit diese sicher verwendet werden können
  - ⇨ Handlungen verbalisieren (wird mehr, wird weniger)
  - ⇨ Bilder beschreiben und als Plus- oder Minussituation erkennen
  - ⇨ erzählten Rechengeschichten die entsprechenden Symbole zuordnen

4.3 Vermindern

Konkret-handelnde Ebene

LERNAKTIVITÄTEN UND GESTALTUNGSIDEEN

● Gebärde 🔊

● Begriffe kennen, die die Handlung des Verminderns einer Menge beschreiben: „wegnehmen", „aussteigen", „abhängen", „auspusten", „aufessen", „verschwinden", „weggehen", „weniger werden", „kleiner werden", „niedriger werden"

● Lied „Zehn kleine Fledermäuse": Veranschaulichung von Zahlbeziehungen – um eins weniger 🔊

● Sechs Kinder sitzen um den Tisch / auf der Langbank / im Klassenzimmer / ... Drei Kinder gehen weg. Wie viele Kinder bleiben am Tisch / auf der Langbank / im Klassenzimmer / ... zurück?

● „Eisenbahnlied" – darstellendes Spiel passend zum Liedtext: Kinder sitzen im Zug, an der Haltestelle steigen einige Kinder aus. 🔊

● Von einer Spielzeuglokomotive wird eine bestimmte Anzahl an Waggons abgehängt.

● Kirschen/Bonbons essen:
  ⇨ Fünf Kirschen befinden sich im Korb, zwei werden von den Kindern aufgegessen. Wie viele Kirschen sind noch übrig?
  ⇨ Zehn Bonbons liegen in der Schale, acht werden von den Kindern gegessen. Wie viele Bonbons sind noch übrig?

4.3 Vermindern

- Räuberspiel: Ein Schüler ist der Räuber und nimmt von einer vorhandenen Menge Teile weg. Die Mitschüler verbalisieren die Rechenhandlung:
  - ⇨ Was ist passiert?
  - ⇨ Wie viele Gegenstände hat der Räuber weggenommen?
  - ⇨ Wie viele Gegenstände bleiben übrig?

- Auf dem Parkplatz: Der Parkplatz ist voller Autos (Bobbycars oder Spielzeugautos), nach einiger Zeit fahren z. B. zwei Fahrzeuge weg.

- Kegeln: Neun Kegel werden aufgestellt. Schüler kegelt. Wie viele Kegel sind umgefallen? Wie viele Kegel stehen?

- Dosenwerfen: Dosen werden in beliebiger Anzahl zu einer Pyramide aufgebaut. Schüler wirft mit einem Ball. Wie viele Dosen sind umgefallen? Wie viele stehen noch?

- Auf dem Bauernhof – Spiel mit Tierfiguren: Neun Kühe grasen auf der Weide, zwei Kühe laufen weg. Drei Pferde sind auf der Koppel, ein Pferd reißt aus.

- Türme verkleinern durch Wegnehmen von Bausteinen

Arbeitskreis Mathematik: Mathematik praktisch: Addition und Subtraktion
© Persen Verlag

4.3 Vermindern

Bildliche Ebene

LERNAKTIVITÄTEN UND GESTALTUNGSIDEEN

● Mengen vermindern durch Wegstreichen einer bestimmten Anzahl an Elementen

● Situationsbilder versprachlichen

● Vereinfacht dargestellte Abbildungen versprachlichen und Situationen zuordnen,
z. B.: Max hatte drei Luftballons. Einer ist zerplatzt. Jetzt hat Max noch zwei Ballons.

Arbeitskreis Mathematik: Mathematik praktisch: Addition und Subtraktion
© Persen Verlag

Symbolische Ebene

LERNAKTIVITÄTEN UND GESTALTUNGSIDEEN

- das Symbol „–" einführen: Form, Begriff und Bedeutung miteinander verknüpfen
  - ⇨ die Form beschreiben, nachlegen, schreiben und von anderen Zeichen unterscheiden 🌐
  - ⇨ Bedeutung des Symbols „–" anhand einer Rechenhandlung oder eines Bildes erläutern, z. B. dürfen die Schüler nur von Mengen, die mit dem Symbol „–" gekennzeichnet sind, etwas wegnehmen
  - ⇨ Begriff „minus" kennen und gebrauchen

- Spielhandlungen mit konkreten Materialien: Lehrer zeigt Symbol „–" und Zahl (Operator), Schüler führen entsprechende Handlung aus. 🌐
  (Weitere Beispiele für konkrete Rechenhandlungen finden sich auf der konkret-handelnden Ebene)

- zu einer konkreten Handlung die Rechenoperation notieren

- zu Situations- und Mengenbildern (siehe bildliche Ebene)
  - ⇨ Rechenoperationen aufschreiben und lösen
  - ⇨ Kärtchen mit Rechenoperation (Aufgabenkarten) zuordnen 🌐

- Kegeln: Situationsbild, Mengenbild, Rechenoperation zuordnen 🌐

- ausgehend von symbolischen Aufgaben mögliche Sachsituationen formulieren

- Rechengeschichte oder Rechenaufgabe auf dem Zahlenstrahl veranschaulichen und lösen
  - ⇨ Schüler geht auf dem großen Zahlenstrahl zurück.
  - ⇨ Schüler bewegt Figur auf dem Zahlenstrahl zurück.

Arbeitskreis Mathematik: Mathematik praktisch: Addition und Subtraktion
© Persen Verlag

4.3 Verminder

- Arbeitsblätter

- Lern- und Freiarbeitsmaterialien
  - ⇨ Schüler zählt mit den Augen zurück.
  - ⇨ Schüler zählt mit den Fingern zurück.

Möglichkeiten der Differenzierung:

- Vermischen von Additions- und Subtraktionsaufgaben

- Textaufgaben

- Kettenaufgaben: z. B. $8 - 3 - 2 = \square$
  - ⇨ Die gesamte Gleichung wird angeboten, z. B. $5 - 3 = \square$.
  - ⇨ Nur der Operator wird angeboten, z. B. $- 2 \rightarrow$ „Ich verkleinere die vorhandene Ausgangsmenge um 2."

- Variationsmöglichkeiten auf der symbolischen Ebene

Übungsmöglichkeiten zur Unterscheidung von Addition und Subtraktion:

- Plus-/Minusspiel
  - ⇨ Lehrer spielt eine Situation vor; Schüler entscheiden, welches Symbol (+/–) passend ist.
  - ⇨ Jeder Schüler führt eine Rechenhandlung aus und löst das passende Symbol bestimmen.

- Situationsbilder oder Mengenbilder beschreiben und das entsprechende Symbol zuordnen lassen

- Rechengeschichte erzählen, Schüler bestimmen „mehr" – „weniger" und halten entsprechendes Symbolkärtchen hoch.

- Übungen am Zahlenstrahl

- Arbeitsblätter mit vermischten Plus- und Minusaufgaben

Arbeitskreis Mathematik: Mathematik praktisch: Addition und Subtraktion
© Persen Verlag

4.4 Zerlegen

Allgemeine Hinweise

- Begriffsklärung:
  Zerlegen: Eine vorgegebene Menge wird in zwei oder mehrere kleinere Teilmengen zergliedert:

  $5 = \square + \square$

- mögliche Schwierigkeiten:
  - ➪ fehlende Erkenntnis, dass sich hinter einer Zahl eine Menge verbirgt, die sich aus mehreren Teilmengen (mehreren anderen Zahlen) zusammensetzt
  - ➪ fehlendes Verständnis für die Vielfalt von Zahlzerlegungen
  - ➪ nicht gesicherte Mengenerfassung

- Die vollzogene Handlung sollte stets verbalisiert werden: „Ich zerlege die 5 in … und …"

- Von großer Bedeutung ist die Schulung der Vorstellungskraft bei den Schülern (siehe z. B. Becherspiel auf der handelnden Ebene).

- Durch das Rückgängigmachen der bereits vollzogenen Zerlegungshandlung kann die Reversibilität der Rechenoperation verdeutlicht werden, z. B. fünf Kekse werden auf zwei Schalen aufgeteilt und beide Teilmengen bestimmt. Der Schüler fügt beide Teilmengen wieder zusammen und erhält so die Ausgangsmenge. ➜ Erkenntnis: Die Ausgangsmenge bleibt gleich. $5 = 3 + 2 ➜ 3 + 2 = 5$

- Das kleine 1+1 (mögliche Zerlegungen der Zahlen von 1 – 10) sollte so weit als möglich automatisiert werden, da dies die Grundlage für die Zehnerüberschreitung ist.

Arbeitskreis Mathematik: Mathematik praktisch: Addition und Subtraktion
© Persen Verlag

4.4 Zerlegen

Konkret-handelnde Ebene

LERNAKTIVITÄTEN UND GESTALTUNGSIDEEN

● Wendeplättchen „würfeln": Zerlegungsmöglichkeiten einer bestimmten Menge mithilfe von Wendeplättchen ermitteln und versprachlichen; die verschiedenen Farben verdeutlichen die Zerlegungsmöglichkeiten. 🎲

● Schüttelbox: Zerlegungsmöglichkeiten einer bestimmten Menge an Kugeln per Zufall ermitteln und versprachlichen 🎲

● Türme zerlegen: einen Turm aus fünf Steckkuben zerbrechen; es entstehen z. B. ein 2er- und ein 3er-Turm.

● Eine vorgegebene Menge an Gegenständen verteilen: Welche Möglichkeiten gibt es, z. B. acht Äpfel auf zwei Körbe oder sechs Bonbons auf zwei Schüler zu verteilen?

● Perlenschnüre: die Perlen einer Schnur auf zwei Seiten verteilen und möglichst viele Zerlegungsmöglichkeiten finden

● Rechenrahmen: Zerlegen der Zahl 10 🎲

● Spiel „Bootsfahrt": Eine bestimmte Anzahl von Personen fährt in zwei Booten über einen See. Wie viele Möglichkeiten der Bootsbesetzung gibt es?

● Zerlegen einer Menge mit den Fingern (alleine bis 5 oder mit einem Partner bis 10): Wie kann ich die Menge 7 zerlegen? Ein Schüler zeigt vier Finger, sein Partner drei Finger. Welche Möglichkeiten gibt es noch?

Arbeitskreis Mathematik: Mathematik praktisch: Addition und Subtraktion
© Persen Verlag

4.4 Zerlegen

● Spiele zur Schulung der Vorstellungskraft und zum Verdeutlichen der Zahlbeziehungen

⇨ Eine zunächst sichtbare Menge wird verdeckt (durch ein Tuch oder einen Becher). Einzelne Elemente werden hervorgeholt. Anhand der Anzahl der hervorgeholten Elemente soll die noch verdeckte Menge bestimmt werden.

⇨ Eine Menge an Muggelsteinen wird auf zwei Hände verteilt. Die Hände werden verschlossen. Nach dem Öffnen der einen Hand soll die Menge in der anderen Hand bestimmt werden.

⇨ Becherspiel: Für dieses Spiel benötigt man zwei Becher. Eine Anzahl von Muggelsteinen wird als Ausgangsmenge bestimmt, z. B. die Menge 4. Zunächst befinden sich alle vier Muggelsteine unter einem Becher, der zweite Becher ist leer. Nach und nach wechselt immer ein Stein zum zweiten Becher. Das Geschehen wird durch die Schüler verbalisiert: „Im ersten Becher ist nun ein Stein weniger, es sind noch drei Steine. Im zweiten Becher befindet sich ein Stein. Es sind immer noch vier Muggelsteine im Spiel."

Arbeitskreis Mathematik: Mathematik praktisch: Addition und Subtraktion
© Persen Verlag

4.4 Zerlegen

Bildliche Ebene

LERNAKTIVITÄTEN UND GESTALTUNGSIDEEN

● Mengenbilder versprachlichen 🔊

● Arbeitsblätter 🔊

Arbeitskreis Mathematik: Mathematik praktisch: Addition und Subtraktion
© Persen Verlag

37

4.4 Zerlegen

Symbolische Ebene

LERNAKTIVITÄTEN UND GESTALTUNGSIDEEN

- zu Zerlegungsmöglichkeiten auf der konkret-handenden Ebene (z. B. mit Wendeplättchen, Schüttelbox)
  - ➪ Rechenoperationen notieren, z. B. 6 = 3 + 3, 6 = 5 + 1
  - ➪ passende Aufgabenkarten zuordnen

- zu bildlich dargestellten Zerlegungsmöglichkeiten (Beispiele siehe Situationsbilder bildliche Ebene)
  - ➪ Rechenoperationen notieren
  - ➪ passende Aufgabenkarten zuordnen

- Verbale Anweisungen umsetzen, z. B.: „Zerlege die acht in zwei und sechs." Dies kann z. B. anhand der Perlenkette dargestellt sowie mit Ziffern- und Symbolkarten gelegt werden.

- Mithilfe von Kegeln das Zerlegen üben (neun Kegel als Ausgangsmenge), z. B. zwei sind umgefallen und sieben stehen noch, vier sind umgefallen und fünf stehen noch. Schüler notieren die Aufgabe oder ordnen die passende Aufgabenkarte zu.

- Lernmaterialien 💿

- Arbeitsblätter 💿

Arbeitskreis Mathematik: Mathematik praktisch: Addition und Subtraktion
© Persen Verlag

4.4 Zerlegen

● Partnerspiele zum Automatisieren

↳ Es soll die Zahl 8 zerlegt werden: Zahlenkarten von 0 bis 8 werden an die Schüler verteilt. Jeder Schüler holt sich die seiner Zahl entsprechende Anzahl von Muggelsteinen. Auf ein Signal hin treffen sich die entsprechenden Paare (0 und 8, 1 und 7, 2 und 6 usw.). Durch das gemeinsame Abzählen der Muggelsteine wird überprüft, ob es sich um das richtige Zahlenpaar handelt.

↳ Es soll die Zahl 9 zerlegt werden: Zahlentiesen von 0 bis 9 werden auf dem Boden verteilt. Ein Schüler hüpft auf eine Zahl (7), ein zweiter Schüler springt auf die entsprechende „Partnerzahl" (2). Das Spiel wird fortgeführt, bis alle Zerlegungsmöglichkeiten gefunden sind.

Möglichkeiten der Differenzierung

● Art der Notation: zunächst Verzicht auf die Symbole „+" und „=", nur Zahlen und Pfeile verwenden.

● gesteigerter Schwierigkeitsgrad durch verschiedene Platzhalteraufgaben:

$5 = \square + \square$

$5 = 3 + \square$

$5 = \square + 2$

● Zerlegen einer Menge in drei oder mehrere Teilmengen

Arbeitskreis Mathematik: Mathematik praktisch: Addition und Subtraktion
© Persen Verlag

Zerlegen

5.1 Verdoppeln und Halbieren

Allgemeine Hinweise

- Begriffsklärung:

  Verdoppeln: Es werden noch einmal so viele Elemente hinzulegt wie zuvor bereits da gewesen sind. Dies entspricht einer 1:1-Zuordnung, wobei jedem Element der Ausgangsmenge genau ein Element zugeordnet wird. Mit Verdoppelungsaufgaben können die jeweiligen Nachbaraufgaben gelöst werden, z. B. $4 + 5 = 4 + 4 + 1$.

  Halbieren: Aus einer bestimmten Anzahl an Elementen werden zwei gleich große Mengen (Hälften) gebildet. Das Finden der Mitte wird als geometrische Entsprechung zum Halbieren einer Menge betrachtet.

- mögliche Schwierigkeiten:

  ⇨ Schüler verwenden ähnliche, aber in ihrer Bedeutung unterschiedliche Begriffe gleich (verdoppeln, das Doppelte, doppelt so viele bzw. halbieren, die Hälfte, halb so viele), z. B. Ausgangsmenge 3: Ich verdopple und lege 3 dazu. Das Doppelte von 3 ist aber 6 und nicht 3.

  ⇨ Zum Verdoppeln und Halbieren wird stets eine Ausgangsmenge benötigt, die verdoppelt bzw. halbiert werden kann.

  ⇨ Nicht jede Menge/Zahl kann problemlos halbiert werden. Jene Zahlen, die durch den Vorgang des Verdoppelns gebildet werden, können auch halbiert werden.

- Durch vielfältige Handlungen zum Verdoppeln und Halbieren können die Begriffe erarbeitet werden. Kinder sollen dabei stets zum Verbalisieren angeregt werden, um das Verständnis für den mathematischen Sachverhalt zu fördern.

Arbeitskreis Mathematik: Mathematik praktisch: Addition und Subtraktion
© Persen Verlag

5.1 Verdoppeln und Halbieren

- Aufgaben zum Verdoppeln und Halbieren im Zahlenraum bis 10 (bis 20) sollen möglichst automatisiert werden.

- Durch Verdoppeln und Halbieren werden grundlegende Kompetenzen für das Verständnis von Multiplikation und Division erworben.

(Vgl. M. Gaidoschik: Rechenschwäche verstehen – Kinder gezielt fördern, 3. Auflage, Persen Verlag 2009, S. 109/110, 112)

Arbeitskreis Mathematik: Mathematik praktisch: Addition und Subtraktion
© Persen Verlag

5.1 Verdoppeln und Halbieren

Konkret-handelnde Ebene

LERNAKTIVITÄTEN UND GESTALTUNGSIDEEN

Verdoppeln:

- Klecksbilder 😊

- Verdoppeln mit dem Spiegel: Im Spiegel müssen genauso viele Elemente zu sehen sein wie vor dem Spiegel liegen. 😊

- mit verschiedenen (Alltags-)Materialien eine vorgegebene Menge verdoppeln: Becher, Tannenzapfen, Bälle, Stifte, Stühle

- Zwillinge im Vergleich zu einem einzelnen Kind: Lisa und Marie brauchen jeweils doppelt so viele Sachen wie Lena alleine, z. B. Spielzeug, Kleidungsstücke ...

- einen Turm (mit Steckwürfeln, Bausteinen ...) bauen und einen doppelt so hohen Turm danebenstellen

- Marienkäfer-Spiel 😊

- verdoppeln mit Wendeplättchen im Zehner- oder Zwanzigerfeld, z. B. zu fünf roten Plättchen fünf blaue Plättchen dazulegen 😊

- Fingerbilder: verdoppeln mit den Fingern unter Verwendung beider Hände, alleine oder in Partnerarbeit

5.1 Verdoppeln und Halbieren

Halbieren:

- Apfel in der Mitte auseinanderschneiden
- Zahnstocher, Holzstäbchen in der Mitte zerteilen
- einen Faden in der Mitte durchschneiden
- ein Stück Papier in der Mitte falten
- Salzstange, Müsliriegel, Schokoladentafel in der Mitte zerteilen
- Gegenstände gerecht auf zwei Kinder / zwei Körbe aufteilen
- Kinder zu je gleicher Anzahl in zwei Mannschaften einteilen
- Türme mit Steckwürfeln bauen und halbieren
- halbieren einer Menge von Wendeplättchen mithilfe des Zehnerfeldes als Strukturierungshilfe

Arbeitskreis Mathematik: Mathematik praktisch: Addition und Subtraktion
© Persen Verlag

5.1 Verdoppeln und Halbieren

Bildliche Ebene

LERNAKTIVITÄTEN UND GESTALTUNGSIDEEN

Verdoppeln:

- Situationsbild als Sprechanlass für Begriffsklärung 👁️
- Marienkäfer-Puzzle 👁️
- verdoppeln durch Hinzumalen, Hinzukleben 👁️
- verdoppeln im Zwanzigerfeld 👁️
- Formen ergänzen: z. B. Haus, Blume 👁️

Halbieren:

- Mengen halbieren 👁️
- halbieren mithilfe des Zehnerfeldes als Strukturierungshilfe 👁️
- die Mitte einzeichnen 👁️
- erkennen, welche Objekte richtig halbiert wurden 👁️

Arbeitskreis Mathematik: Mathematik praktisch: Addition und Subtraktion
© Persen Verlag

45

5.1 Verdoppeln und Halbieren

Symbolische Ebene

LERNAKTIVITÄTEN UND GESTALTUNGSIDEEN

- Verdopplungs- und Halbierungskärtchen zum Automatisieren

- Verdoppeln am Zahlenstrahl

- Lernmaterialien und Arbeitsblätter

- Montessori-Material „Ziffern und Chips" zur Erarbeitung von geraden und ungeraden Zahlen

5.2 Tauschaufgaben

Allgemeine Hinweise

- Bei Plusaufgaben können die beiden Summanden vertauscht werden. Am Ergebnis ändert sich nichts, d. h., Aufgabe und Tauschaufgabe haben das gleiche Ergebnis (= Kommutativgesetz der Addition).

- Wichtig: Das Kommutativgesetz gilt nur für die Addition. Es lässt sich nicht auf Subtraktionsaufgaben übertragen!

- Tauschaufgaben sind als Lösungshilfe zum vorteilhaften Rechnen zu verstehen, z. B. die Aufgabe 2 + 7 lässt sich leichter lösen, indem man die Tauschaufgabe 7 + 2 bildet.

- Aktivitäten des Tauschens bzw. Austauschens dienen als vorbereitende Spiele zur Begriffsklärung. Schüler sollen zum Sprechen ermutigt werden und ihre Handlungen in Worte fassen.

(Vgl. M. Gaidoschik: Rechenschwäche verstehen – Kinder gezielt fördern, 3. Auflage, Persen Verlag 2009, S. 126 f.)

5.2 Tauschaufgaben

Konkret-handelnde Ebene

LERNAKTIVITÄTEN UND GESTALTUNGSIDEEN

● Gebärde 💿

● Kinder tauschen Plätze.

● Kim-Spiel: Mehrere Gegenstände liegen in einer Reihe, zwei werden vertauscht. Wer erkennt die Veränderung?

● Situation von zwei Seiten aus betrachten: Auf dem Tisch liegen links zwei Äpfel und rechts drei Birnen. Die Schüler gehen nun auf die andere Seite des Tisches und sehen links drei Birnen und rechts zwei Äpfel.

● Wendeplättchen im Zehnerfeld tauschen 💿

● Überkreuzbewegung: Zwei Kisten sind mit Gegenständen gefüllt. Die Schüler bestimmen beide Teilmengen sowie die Gesamtmenge. Dann werden die Kisten mit einer bewussten Überkreuzbewegung getauscht. Anschließend werden die Teilmengen und die Gesamtmenge erneut bestimmt. 💿

● Drehung um 180°: Perlenketten oder zweifarbige Türme werden um 180° gedreht. 💿

5.2 Tauschaufgaben

Bildliche Ebene

LERNAKTIVITÄTEN UND GESTALTUNGSIDEEN

● zwei entgegengesetzte oder sich kreuzende Pfeile zur Kennzeichnung von Tauschaufgaben einführen und gebrauchen

● Mengenbilder versprachlichen 🖐

● Tauschaufgaben mit Würfeln/Würfelbildern
  ⇨ Schüler legen zu zwei Würfeln (z. B. ⚁ ⚃ ⚀) mit zwei weiteren Würfeln die passende Tauschaufgabe.
  ⇨ Schüler ordnen Bildkarten (Würfelbilder) mit Aufgabe und Tauschaufgabe einander zu. 🖐

● zu einer vorgegebenen Aufgabe die Tauschaufgabe malen 🖐

● selbstständig Aufgaben und die dazugehörigen Tauschaufgaben grafisch darstellen 🖐

5.2 Tauschaufgaben

Symbolische Ebene

LERNAKTIVITÄTEN UND GESTALTUNGSIDEEN

● würfeln mit Zahlenwürfeln: durch Würfeln eine Additionsaufgabe bilden; Aufgabe und dazugehörige Tauschaufgabe notieren und lösen

● Dominospiel: zu einem Dominostein Additionsaufgabe und dazugehörige Tauschaufgabe notieren und lösen, z. B.

● Tauschaufgaben-Memo-Spiel ☺

● Arbeitsblätter ☺

Arbeitskreis Mathematik: Mathematik praktisch: Addition und Subtraktion
© Persen Verlag

5.3 Umkehraufgaben

Allgemeine Hinweise

- Begriffsklärung:
  Die Rechenhandlung Plus (Dazutun) ist die Umkehrung der Rechenhandlung Minus (Wegnehmen). Das heißt, Minus ist die Umkehrung von Plus. Beim Dazugeben wird die Subtraktion umgekehrt, beim Wegnehmen die Addition.

- Umkehraufgaben dienen als Kontrollmöglichkeit und Lösungshilfe bei Minusaufgaben: 8 – 7 ist evtl. leichter zu lösen, wenn an 7 + 1 = 8 gedacht wird und deutlich wird, dass beim Wegnehmen die Addition umgekehrt wird.

- Der Zusammenhang zwischen Dazugeben und Wegnehmen sollte den Schülern durch vielfältige Handlungserfahrungen verständlich gemacht werden.

(Vgl. M. Gaidoschik: Rechenschwäche verstehen – Kinder gezielt fördern, 3. Auflage, Persen Verlag 2009, S. 136)

Umkehraufgaben

Arbeitskreis Mathematik: Mathematik praktisch: Addition und Subtraktion
© Persen Verlag

5.3 Umkehraufgaben

Konkret-handelnde Ebene

LERNAKTIVITÄTEN UND GESTALTUNGSIDEEN

- Kegeln: Neun Kegel stehen da, es fallen fünf Kegel um (– 5). Wenn ich die fünf Kegel wieder aufstelle (+ 5), stehen wie zu Beginn neun Kegel da.

- Dosenwerfen: entsprechend Handlung zum Kegeln

- Kaufladen: In einem Regalfach stehen z. B. neun Eierschachteln, sieben werden verkauft (– 7). Das Regal wird gleich wieder aufgefüllt (+ 7).

- Treppensteigen (Ausgangspunkt farbig markieren): Fünf Stufen nach oben gehen (+ 5), dann wieder zurück zum Ausgangspunkt (– 5).

- Zu zwei Äpfeln werden drei Äpfel in die Schale gelegt (+ 3). Anschließend essen Paul und Moritz drei Äpfel auf (– 3).

Arbeitskreis Mathematik: Mathematik praktisch: Addition und Subtraktion
© Persen Verlag

5.3 Umkehraufgaben

Bildliche Ebene

LERNAKTIVITÄTEN UND GESTALTUNGSIDEEN

● Umkehraufgaben kennzeichnen

● Situationsbilder versprachlichen ☺

● Aufgabe und Umkehraufgabe zeichnerisch darstellen ☺

Arbeitskreis Mathematik: Mathematik praktisch: Addition und Subtraktion
© Persen Verlag

5.3 Umkehraufgaben

Symbolische Ebene

LERNAKTIVITÄTEN UND GESTALTUNGSIDEEN

● Vorwärts- und rückwärtsgehen am Zahlenstrahl (alternativ auf Zahlenfliesen)

  ↪ Schüler geht auf dem großen Zahlstrahl vor und zurück.

  ↪ Schüler bewegt Figur auf dem Zahlenstrahl vor und zurück.

  ↪ Schüler zählt mit den Fingern vor und zurück.

  ↪ Schüler zählt mit den Augen vor und zurück.

● Arbeitsblätter ☺

Möglichkeiten der Differenzierung:

● Platzhalter variieren (Umkehraufgaben zum Lösen von Platzhalteraufgaben nutzen): Rechenbefehle, Zahlenmauern ☺

● aus einem Zahlentripel (z. B. 2 / 7 / 9) äquivalente Gleichungen bilden ☺ ☺ :

$2 + 7 = 9$

$9 - 7 = 2$

$7 + 2 = 9$

$9 - 2 = 7$

5.4 Nachbaraufgaben

Allgemeine Hinweise

- Der Begriff „Nachbar" (z. B. Wer sitzt neben mir im Stuhlkreis?) und „Nachbarzahl" sollte erarbeitet sein. Zur Erläuterung ist die Orientierung an der Eins-Plus-Eins-Tabelle bzw. Eins-Minus-Eins-Tabelle hilfreich.

- Begriffsklärung:

  Nachbaraufgaben: Ausgehend von einer Aufgabe, z. B. 7 + 9, werden jene Aufgaben als Nachbaraufgaben bezeichnet, die unmittelbar oberhalb, unterhalb, links oder rechts dieser Ausgangsrechnung liegen.
  Im Vergleich zur Ausgangsaufgabe ist jeweils einer der beiden Summanden um eins größer (+ 1) 8 + 9 / 7 + 10 oder kleiner (– 1) 7 + 8 / 6 + 9, sodass sich auch die Summe um + 1 oder – 1 ändert. Eine oder mehrere dieser Nachbaraufgaben (hier: 7 + 10) erleichtern die Bearbeitung der ursprünglichen Aufgabe.
  Gleiches gilt für die Subtraktion. Ausgehend von einer Aufgabe, z. B. 7 – 5, können folgende Nachbaraufgaben im Vergleich zur Ausgangsaufgabe gebildet werden: Der Minuend ist um jeweils eins größer (+ 1) 8 – 5 oder um eins kleiner (– 1) 6 – 5. Der Subtrahend ist um jeweils eins größer (+ 1) 7 – 6 oder um eins kleiner (– 1) 7 – 4, sodass sich auch die Differenz um + 1 oder – 1 zur Ausgangsaufgabe ändert.

- Nachbaraufgaben erfordern ein hohes Maß an Vorstellungsvermögen. Sie sind ausschließlich auf der symbolischen Ebene angesiedelt, wobei begleitende Materialhandlungen und grafische Darstellungen das Verständnis fördern.

(Vgl. M. Gaidoschik: Rechenschwäche verstehen – Kinder gezielt fördern, 3. Auflage, Persen Verlag 2009, S. 133 f.)

5.4 Nachbaraufgaben

Symbolische Ebene

LERNAKTIVITÄTEN UND GESTALTUNGSIDEEN

● Arbeitsblätter zu Nachbarzahlen und -aufgaben

Zu verwendende Hilfsmittel:

● Eins-Plus-Eins-Tabelle / Eins-Minus-Eins-Tabelle

Arbeitskreis Mathematik: Mathematik praktisch: Addition und Subtraktion
© Persen Verlag

6 Inhaltsübersicht CD

1 Material allgemein

2 Gebärden

3 Operationen

3.1 Zusammenfassen von zwei Teilmengen

3.2 Additives Ergänzen

3.3 Vermindern

3.4 Zerlegen

4 Rechenstrategien

4.1 Verdoppeln und Halbieren

4.2 Tauschaufgaben

4.3 Umkehraufgaben

4.4 Nachbaraufgaben

5 Literaturempfehlungen zum Bereich Addition und Subtraktion im ZR bis 10

Aktuelle Fördermaterialien!

Arbeitskreis Mathematik

Mathematik praktisch: Pränumerik

Lernaktivitäten und Arbeitsmaterialien für Schüler mit geistiger Behinderung

Im praktischen DIN-A5-Format bietet Ihnen dieses Buch umfassende Hinweise zur Unterrichtsgestaltung und zu Lernaktivitäten rund um das Thema Pränumerik: Merkmale von Gegenständen, Vergleich von Gegenständen und Mengen, Gruppen- sowie Reihenbildung. Die vorgestellten Lernaktivitäten beziehen sich dabei auf die ganz-körperlich-somatische, die konkret-handelnde, die bildliche sowie die symbolische Lernebene. So werden den Schülern vielfältige Zugänge zum Thema ermöglicht und Sie können ganz gezielt auf deren unterschiedliche Lernvoraussetzungen eingehen. Dank eines perforierten Rands können alle Seiten des Buchs leicht herausgetrennt und so als praktische Kartei genutzt werden. Auf der beiliegenden CD finden Sie eine umfassende Sammlung an Arbeitsblättern und Fotos passend zum Buch.

Lehrerkartei mit Unterrichtshinweisen und über 160 Arbeitsblättern auf CD!

Buch, 111 Seiten, DIN A5, inkl. CD
1. bis 4. Klasse
Best.-Nr. 23105

Gerhard Scheuringer

Die große Übungs- und Spielekartei: Geld

Ein Materaipaket für den individualisierten Unterricht an Förderschulen Geistige Entwicklung

Täglich haben wir mit Geld zu tun. Dabei bewältigen wir mathematische Anforderungen, die Schüler mit geistiger Behinderung oft nur mühsam meistern. Mit diesem Band machen Sie Ihre Schüler systematisch und in kleinen Schritten im Umgang mit Geld fit. Buch und CD bieten Ihnen einführende Informationen sowie methodische Hinweise zur Unterrichtsgestaltung und zum Einsatz der Materialien. Darüber hinaus liefert der Band eine Übungskartei zu den Themen „Geld zählen und notieren" und „Mit Geld bezahlen", Übungen zum Tauschen von Geld, Zählhilfen, Spiele sowie Audio-Dateien zum Bezahlen nach Ansage. Alle Übungsmaterialien liegen in bis zu zehn aufeinander aufbauenden Schwierigkeitsstufen vor.

Für jeden Schüler das passende Material zum Thema Geld!

Heft, 44 Seiten, DIN A4, inkl. CD
4. bis 9. Klasse
Best.-Nr. 23009

Für das Leben lernen!

Bergedorfer®
Signalkarten – SoPäd

Visuelle Hilfen für Schulalltag und
Unterricht im Förderschwerpunkt
Geistige Entwicklung

Gerade im Bereich der sonderpädagogischen Förderung ist die Nutzung nonverbaler Signale von großer Bedeutung. Die Bergedorfer® Signalkarten unterstützen Sie bei der Vermittlung von Informationen, helfen Ihnen bei der Strukturierung von Unterricht und Schulalltag – und

schonen Ihre Stimme. Das Set umfasst 54 farbige Bildkarten aus Karton zu den Themen Tagesstruktur, Arbeits- und Sozialformen, Tätigkeiten im Unterricht und Klassendienste. Sie sind besonders anschaulich und zielgruppengerecht illustriert. Die beiliegende CD enthält alle Karten zum Ausdrucken in verschiedenen Größen, sodass Sie diese nach individuellem Bedarf erstellen und nutzen können.

**Farbige Signalkarten für alle Fälle –
so schaffen Sie klare Strukturen für
einen reibungslosen Unterrichtsalltag**

54 farbige Bildkarten auf Karton, div.
Formate, inkl. CD mit farbigen Vorlagen
1- bis 8. Klasse
Best.-Nr. 21018

Ulrike Löffler, Isabell Schick

Lebenspraktisches Lernen:
Verkehrssicherheit

Materialien für Schüler mit geistiger Behinderung

Sicher auf Gehweg und
Radweg,
Eine Straße überqueren,
Verkehrszeichen und
Verkehrsregeln,
Das verkehrssichere
Fahrrad

Buch, 84 Seiten, DIN A4,
inkl. CD
3. bis 6. Klasse
Best.-Nr. 23116

Sabine Bott, Kathrin Hauck

Lebenspraktisches Lernen:
Uhrzeiten

Materialien für Schüler mit geistiger Behinderung

Die Tageszeiten,
Welche Uhren gibt es?,
Die Uhrzeit lesen:
Volle Stunden,
halbe Stunden,
dreiviertel Stunden,
viertel Stunden,
Uhren-Urkunde

Buch, 113 Seiten, DIN A4,
inkl. CD
4. bis 9. Klasse
Best.-Nr. 23187
